AF278641

M. PLAGICIDE,

HABITANT DU QUARTIER DE LA BIBLIOTHÈQUE,

A MESSIEURS

LES ÉLECTEURS

de Paris et des Départemens.

A PARIS,

IMPRIMERIE DE SÉTIER;

Cour des Fontaines, n° 7.

1824.

M. PLAGICIDE, *habitant du quartier de la Bibliothèque ,*

A MM. les Électeurs de Paris et des Départemens.

Messieurs les Électeurs ,

Depuis près d'un mois , je me rends très-assiduement à la Bibliothèque , afin d'y puiser les notions nécessaires pour publier une bonne brochure au moment des élections : Je voulais me faire un nom ; mais c'est vainement que ma plume , peu exercée , a essayé de co-ordonner mes idées : mes phrases m'ont paru si faibles , comparativement à tout ce qu'on a déjà écrit sur ce sujet, que j'ai dû renoncer à l'honneur de me faire imprimer.

Néanmoins , pour que le temps que j'ai employé à lire nos publicistes , ne soit pas entièrement perdu , j'ai cru devoir, MM. les Electeurs , vous mettre sous les yeux les diverses opinions de ces éloquens écrivains, et en former un ensemble que vous lirez , j'en suis sûr , avec le plus vif intérêt. Cha-

cun de vous y trouvera son devoir tracé d'une main vigoureuse.

Il est urgent, Messieurs les Electeurs, que vous vous procuriez ces OPINIONS ; car, ma brochure à la main, vous répondrez victorieusement à toutes les objections et injonctions de MM. les Ministres, Préfets, Sous-Préfets, Receveurs-Généraux, Procureurs du Roi, Présidens des Colléges, etc., etc., etc.

Cette lettre n'étant à d'autre fin, je prie Dieu, Messieurs les Electeurs, qu'il daigne vous éclairer, autant que mes recherches, dans les choix que vous allez faire.

PLAGICIDE,

Habitant du quartier de la Bibliothèque.

M. PLAGICIDE,

HABITANT DU QUARTIER DE LA BIBLIOTHÈQUE,

A MESSIEURS

LES ÉLECTEURS

de Paris et des Départemens.

~~~~~~~~~~~~~~~~~~~~~~~~~~~~~~~~~~~~

OPINIONS SUR LES ÉLECTIONS.

Du 22 Octobre 1818.

Il y a, dans un pays comme le nôtre, une vigueur qui ne dépend point des hommes. La France vit d'elle-même, et, pour ainsi dire, de son propre tempérament. Le cercle de ses années est pour elle un cercle de richesses naturelles. Rien ne peut empêcher nos blés de mûrir, nos vins et nos huiles de couler, pas même le ministère. Ainsi, d'abord on ne peut rien attribuer de nos prospérités natives à la bonté du système qu'on a suivi. . . . .
. . . .
. . . .

Une chose fait illusion : un État se soutient,
~~~~~~~~~~~~~~~~~~~~~~~~~~~~~~~~~~~~

il semble même prospérer au milieu des principes qui peuvent le perdre. On rit des prophètes; on attribue à la faiblesse de leurs cerveaux, aux intérêts de leurs passions, ce qu'ils disent dans la simplicité de leurs cœurs, dans l'amour de leur patrie. On triomphe aujourd'hui. La France, s'écrie-t-on , est florissante et tranquille ? les fonds montent. Si l'on eût suivi vos idées , serions-nous dans cet état de prospérité ?

Que les parens et les serviteurs des ministres raisonnent ainsi , rien de plus juste : les admirations de famille et les affections domestiques ne sont point défendues par la Charte. C'est un bien léger dédommagement des soucis qui environnent un homme d'État. Mais quand on n'appartient ni au foyer ni à l'antichambre , on voit les choses autrement.

Le vicomte DE CHATEAUBRIAND.

Voyez le *Conservateur*, tom. I., pag. 124 et 125.

Du 5 Octobre 1818.

Qu'on mette à la tête des affaires les ministres les plus habiles, dans les temps les plus calmes, et qu'on supprime la Charte ; le lendemain on peut s'attendre à la banqueroute ou à une effroyable chut de fonds.

Placez au timon de l'État les hommes les plus incapables dans les circonstances les plus orageuses, et maintenez la Charte ; vous n'aurez ni banqueroute, ni même une baisse sensible des effets publics. Bien plus, il pourrait se faire que les fonds montassent au milieu de l'ineptie et du bruit. Il y a des temps où la plus petite faute renverse un ministère ; il y en a d'autres où les plus grosses sottises se font impunément.

Le vicomte DE CHATEAUBRIAND.

Voyez le *Conservateur*, tom. I., pag. 33.

Du 22 Octobre 1818.

Voilà donc deux choses heureuses sur lesquelles le système qu'on a suivi n'a rien à réclamer : nos moissons et notre crédit. Reste à examiner la tranquillité de la France. . . . .

. . . .

. . . .

. . J'admets que tout est calme, et j'ajouterai, à la grande satisfaction des admirateurs éclairés du système ministériel, que rien ne remuera en France.

La lassitude est partout ; chacun soupire après le repos : les uns veulent du moins profiter des restes de leur vie ; les autres, commençant cette vie, ne partagent ni nos haines ni nos amours.

Les générations se succèdent chaque jour en silence, et celles qui naissent et celles qui meurent ramènent incessamment dans le monde le calme de l'enfance et des tombeaux. On croit qu'on a toujours affaire aux mêmes hommes, et par le fait on agit sur une société nouvelle.

En outre, il y a, chez les vieux peuples, *un progrès réel de civilisation* qui rend les mouvemens populaires et moins fréquents et plus faciles à apaiser. C'est dans ce sens *physique* que la société humaine se perfectionne, en même temps qu'elle se détériore dans le sens moral. La machine de la société est assez connue, même du vulgaire, pour que tout aille tellement quellement, malgré les fautes. Un village aujourd'hui se conduit seul, une administration marche, bien que le chef soit absent ou incapable. Le défrichement des forêts, la multitude des grands chemins, les communications entretenues par le commerce et l'imprimerie, font régner une sorte de police naturelle qui maintient l'ordre à la surface de la société. D'une autre part, le morcellement des propriétés, l'abolition des ordres de l'État, ont fait disparaître les grandes tentations de la cupidité et de l'envie. Il n'y a plus dans les mœurs du peuple de fanatisme : à peine avons-nous des passions. La foule végète en paix, sûre d'être toujours ce qu'elle est, quoiqu'il arrive : elle a assisté à tant de spectacles qu'elle est indifférente à tout.

Le système que l'on a suivi n'est donc point la cause de la paix de la France : la France est tranquille parce qu'elle ne peut être agitée. Ses révolutions futures , si elle en doit éprouver, ne s'accompliront pas dans le trouble , mais dans le repos.

Conclusion : Je ne vois rien d'heureux qu'on puisse attribuer au système des ministres , et je vois parfaitement ce que ce système a de désastreux.

Le vicomte DE CHATEAUBRIAND.

Voy. le *Conservateur*, t. I., p. 126, 127 et 128.

Du 5 Décembre 1818.

Le ministère a inventé une morale nouvelle; la morale des intérêts , celle des devoirs, est abandonnée aux imbécilles.

Or cette morale des intérêts , dont on veut faire la base de notre gouvernement, a plus corrompu le peuple dans l'espace de trois années que la révolution entière dans un quart de siècle.

Ce qui fait périr la morale chez les nations , et avec la morale les nations elles-mêmes , ce n'est pas la violence, mais la séduction.

Les bonnes lois ne sont que la conscience écrite : la morale des intérêts contrarie la conscience. Que disent les lois ? Respectez le bien d'autrui. Que disent les intérêts ? Prenez le bien d'autrui. La morale des intérêts est donc , par le fait , anti-sociale. Elle prend , pour levier politique , les vices des hommes , au lieu d'agir , avec leurs vertus. Or les vices sont faibles et caducs : vous bâtissez donc avec des instrumens qui se briseront dans vos mains.

Qui remplit ses devoirs s'attire l'estime ; qui cède a ses intérêts est peu estimé. C'était bien peu du siècle de puiser un principe de gouvernement dans une source de mépris.

Le système des intérêts est le système du despotisme qui resserre tout ; il contrarie la nature du gouvernement représentatif qui étend tout.

Élevez nos hommes politiques à ne penser qu'à ce qui les touche , et vous verrez comment ils arrangeront l'État. Ils chercheront à arriver au pouvoir par mille bassesses , non pour faire le bien public , mais pour faire leur fortune. Vous n'aurez que des ministres corrompus ou avides , semblables à ces esclaves mutilés qui gouvernaient le Bas-Empire et qui vendaient tout au plus offrant.

Par un tel système, un horrible ravage est fait dans le cœur humain . c'est comme si vous donniez des leçons publiques de trahison, d'injustice et d'ingratitude. Les docteurs de cette science sont véritablement assis dans la chaire empestée. Les méchans diront : « Continuons à faire le mal, puisqu'on est récompensé. » Les bons commenceront à regarder la vertu comme une duperie, les sacrifices comme une sottise.

Le vicomte DE CHATEAUBRIAND.

Voyez le *Conservateur*, tom. I., pag. 466, 467, 472, 475 et 477.

Du 24 Septembre 1819.

Les petits hommes d'État qui nous gouvernent aujourd'hui ont la prétention de travailler pour l'avenir...... Et ils ne sont pas de niveau avec les affaires du siècle !...... Ils ne peuvent conduire les affaires, parce qu'ils ne savent rien par eux-mêmes, et qu'ils ne possèdent que le secret d'autrui. Tout leur instinct consiste à donner des chaînes, parce qu'ils en portent ; à inventer des conspirations pour multiplier les malheureux. Mais déjoués sans cesse par le gouvernement constitutionnel qu'ils n'entendent pas, leur ruse est aujourd'hui misérable et leur arbitraire absurde.

Le vicomte DE CHATEAUBRIAND.

Voy. le *Conservateur*, tom. IV., p. 613 et 614.

Du 2 Avril 1819.

Nous nous croyons des hommes forts , parce que nous persécutons les gens de bien , que nous nous entendons en police , que nous savons combien de millions d'œufs rapportent les poules de France , et que nous rêvassons des abstractions politiques dans la poussière de nos bureaux.

Le vicomte DE CHATEAUBRIAND.

Voyez le *Conservateur*, t. III., p. 13.

Du 23 Novembre 1816.

« Heureusement il est resté des hommes d'un esprit élevé , d'un caractère noble , qui n'ont point désavoué leurs principes ; ils se réunissent à tous ceux qui professent des opinions indépendantes , sans exception de partis et de personnes ; conséquens dans leur système politique comme ils l'ont été dans leur conduite , ils ne veulent pas que le gouvernement représentatif en France soit un vain nom ; ils le veulent réellement et de fait dans tous ses rapports , dans toute sa plénitude. LA CHARTE, TOUTE LA CHARTE SANS ARRIÈRE-PENSÉE , SANS SUSPENSION , SANS RESTRICTION , VOILÀ CE QU'IL NOUS FAUT.

Et où prétendait-on nous mener si l'on parvenait à nous priver peu à peu de nos libertés constitutionnelles ? Comment nous défendrionsnous si on pouvait impunément violer les principes de la Charte? Nous arriverions au despotisme pur ; et ce despotisme ne serait pas le despotisme royal, mais le despotisme ministériel, le pire de tous, parce qu'il est de sa nature variable, craintif et soupçonneux comme la faiblesse ; intolérant, exclusif et haineux comme un parti; peu noble et petit dans ses vengeances, comme toute faction civile dont le champ de bataille est un bureau. Ce despotisme sans dignité est aussi dangereux pour le Roi que pour le peuple, surtout dans un siècle où l'administration paie tout et a tout envahi. Que ne ferait point, par exemple, un ministre, s'il pouvait hautement, publiquement s'emparer des élections et nommer les députés !

Je sais qu'il paraît difficile qu'un despotisme quelconque s'affermisse aujourd'hui. On n'arrête pas les progrès des choses; les principes politiques de la Charte resteront, en dépit de ce qu'on pourrait faire pour les détruire ; mais on peut troubler l'État en les attaquant; on peut perdre le gouvernement sans réussir à vaincre le siècle. Il faut le dire, pour nous inspirer une frayeur salutaire, un gouvernement serait en danger si un ministre pouvait mépriser demain la loi proclamée aujourd'hui; si l'ambition n'était arrêtée par aucune considération; si l'extrême audace, qui touche à l'extrême faiblesse, heurtait également dans sa course les hommes et la loi.

SANS LA LIBERTÉ DES ÉLECTIONS, IL N'Y A PLUS DE GOUVERNEMENT REPRÉSENTATIF, IL N'Y A PLUS DE CHARTE.

Quel que soit le but qu'on se propose en se rendant maître des élections, est-il permis de violer les premières lois de l'État pour atteindre à ce but? Sans doute, partout où il y a des élections, il y a cabale, intrigues, mouvemens d'opinion et de partis : c'est un mal qui sort de la chose, il est inévitable. Un gouvernement peut et doit employer *des influences morales;* mais un ministre doit-il exercer une puissance directe et coërcitive sur les élections? doit-il priver, par une mesure arbitraire, un citoyen de l'exercice de ses droits? Est-ce avec des circulaires, des commissaires de police, des menaces aux autorités, des destitutions, des mutations de places, qu'il doit diriger les élections d'un grand peuple?

Le vicomte de CHATEAUBRIAND.

Propostion faite à la Chambre des Pairs.

Du 19 Mai 1819.

En aucun pays, peut-être, où l'on ait prétendu compter le peuple pour quelque chose, on n'a concentré en si peu de mains ce privilége de concourir au choix des députés, qui, suivant J.-J. Rousseau, constitue seul le droit de cité.

P.-V. BENOIST.

Voyez le *Conservateur*, tom. III, p. 546.

Du 5 Octobre 1818.

Nul n'est électeur légal s'il n'est porteur d'une carte.

Par qui cette carte est-elle délivrée? par les préfets. Les préfets peuvent donc donner ou refuser cette carte? A quel contrôle légal les préfets seront-ils soumis, puisque les colléges électoraux ne connaissent point des difficultés sur le droit d'élection? C'est donc le ministère qui sera le juge; et ce sont ces agens qui délivrent les cartes. On pourra adresser des pétitions aux Chambres : d'accord; mais en attendant, les élections auront eu lieu, et, en dernier résultat, les Chambres envoient les pétitions au ministère. Le ministère doit, sans doute, se prémunir contre les faux électeurs qui tenteraient de se glisser dans les colléges électoraux : il serait seulement à désirer qu'il prît pour cela des mesures moins contraires à la nature des droits d'élection, et qui l'exposassent moins aux calomnies.

Le vicomte de CHATEAUBRIAND.

Voyez le *Conservateur*, tom. I, p. 17.

Du 24 Septembre 1819

Voyez les électeurs obligés de lutter à la fois contre la loi, contre le ministère, contre les agens de ce ministère, contre tous les pouvoirs qu'un gouvernement peut toujours employer; voyez-les lutter encore contre une faction rendue puissante par la protection qu'on lui accorde, contre l'argent, les menées, les intrigues; voyez le parti calomnié, découragé, sacrifié, sans moyen de s'entendre et de se réunir; voyez-le s'éloigner des élections ou par dégoût, ou par la crainte d'attirer sur lui de nouveaux orages, de nouvelles persécutions ministérielles.

Le vicomte DE CHATEAUBRIAND.

Voyez le *Conservateur*, tom. IV., pag. 626.

Du 23 Novembre 1816.

Si, en cassant la dernière chambre, on n'a songé qu'à conserver des places qu'on a cru mal à propos menacées, à quelle estime pourrait prétendre celui qui n'aurait pas craint de jouer le sort de la patrie contre la conservation de sa place ?

Une circulaire parlant *aux autorités locales* leur ordonne de ne pas désigner certains individus. On jugera s'il est légal que des autorités locales désignent ou ne désignent pas des individus à l'élection, et, par conséquent, privent ou ne privent pas des individus de leurs droits de citoyens.

Comme les opinions sont diverses, comme chacun peut voir le salut du Roi, de la Charte et de la nation autrement que son voisin, quel chaos ne résulterait-il point de toutes ces autorités locales prononçant, d'après leurs passions, un degré d'amour de chaque électeur pour le Roi, la nation et la Charte !

Ce ne sera pas la faute des administrations si les élections ne sont pas excellentes : car dans ces administrations, il paraît qu'on s'en est beaucoup mêlé. Le ministre des finances apprend à ses agens comment ils doivent concourir à la liberté et au perfectionnement des élections. Un directeur de l'enregistrement et des domaines, en envoyant la circulaire de son chef à d'un de ses subalternes, finit ainsi : « L'inten- « tion du Roi et de ses ministres est que tous « les fonctionnaires publics contribuent de tous « leurs moyens à ce qu'il soit fait de bons choix ; « je suis convaincu qu'ils useront de toute leur « *influence* pour arriver à ce but si désirable, « et je crois inutile de prévenir MM. les em- « ployés que si un fonctionnaire public s'é- « cartait de ses devoirs, *il perdrait sans re-*

« *tour la confiance du gouvernement.* »

Le vicomte DE CHATEAUBRIAND.

Proposition faite à la haCmbre des Pairs.

Du 10 Juin 1819.

Tout en respectant le principe de la révocation à volonté des agens administratifs, il est impossible de nier que l'abus n'en soit un des attributs du despotisme le plus absolu. Le gouvernement impérial lui-même, qui ne s'est jamais imposé une grande gêne lorsqu'il n'était question que de ménager des individus pris isolément, s'est cependant conformé à des règles d'équité que maintenant nous réclamons en vain. . . . .
Une inquisition politique, plus perfide dans ses manœuvres que l'inquisition religieuse, tant reprochée aux siècles d'ignorance, s'est organisée sur tous les points du royaume. Le ministère poursuit sa brillante carrière, en destituant ceux qu'il croit ses ennemis. . . . . . . ; Il pense prolonger son règne en donnant tous les emplois à des hommes asservis.   X...

Voyez le *Conservateur*, t. III., p. 498 et 500.

Du 5 Décembre 1818.

Le temple de la justice est le temple de toutes les libertés ; et s'il ne peut y en avoir aucune, s'il ne peut exister d'égalité qu'à l'abri de la loi, et sous la protection des magistrats, hâtons-nous donc d'assurer l'empire de l'une et l'indépendance des autres. . . . . . . , ...

Ce n'est pas assez pour le magistrat de n'être point déplacé, il ne faut pas qu'il puisse être troublé par la crainte de ne pas obtenir un avancement qu'il mériterait, ou qu'il puisse être séduit par l'espoir d'un avancement auquel il n'aurait aucun droit, selon qu'il serait ou ne serait pas de telle ou telle opinion. . . . .

On doit appliquer ces réflexions à ces places jetées, en quelque sorte, à la tête des *députés futurs*, ou *députés arrivés* : les places où l'on juge de l'honneur, de la vie, de la liberté et de la fortune des citoyens, ne doivent pas servir d'*indemnités* ou de *séductions politiques*. . . . . , .

Le fonctionnaire doit être à l'abri de toute influence, même de celle de ses chefs. . . . .

Il faut du moins que son opinion soit libre ; qu'il ne soit point obligé de la déguiser, ou de ne la montrer qu'à demi.

F. AGIER.

Voyez le *Conservateur*, t. I, p. 452, 453, 455.

Du 5 Décembre 1818.

Rien n'est plus facile à un ministre que de signer négligemment une destitution que lui commande la haine, que lui enlève l'intrigue : le soir, il n'en retrouve pas moins sa table, son lit et ses laquais de toutes les sortes ; mais le malheureux frappé...., qui, pour remplacer la perte entière de sa fortune, n'avait que les modiques appointemens d'une place ignorée, retrouve-t-il sa table, son lit, ses serviteurs ? Il ne trouve qu'une famille en larmes, que la compagne de son exil, que des enfans élevés dans la misère....

Le vicomte de CHATEAUBRIAND.

Voyez le *Conservateur*, tom. I, p. 476, 477.

Du 23 Novembre 1816.

Ne nous laissons pas dominer par nos opinions particulières; attachons-nous aux principes pour ne pas tomber dans les passions. Je le demande à ceux qui seraient tentés d'approuver qu'on eût violé la liberté des élections, afin d'avoir des députés d'une certaine sorte, s'il leur conviendrait qu'un autre ministère employât un jour des moyens coupables pour en faire nommer d'une autre espèce ?

On ne peut se le dissimuler, des doctrines funestes à la liberté se répandent autour de nous. On murmurait l'année dernière, on dit tout haut cette année que les Chambres ne doivent être que des conseils obéissant aux ordres ministériels ; que nous ne sommes point faits pour un gouvernement constitutionnel ; qu'il nous faut conduire avec des ordonnances ; que nous n'avons pas besoin de lois.

Le vicomte de CHATEAUBRIAND.

Proposition faite à la Chambre des Pairs.

Du 26 Mars 1819.

L'intérêt du roi est que les institutions qu'il a créées conservent leur essence, leur dignité, leur inviolabilité. Une modification essentielle et hasardée, les dénature et affaiblit les garanties constitutionnelles que la Charte avait donnée au trône. L'intérêt des ministres est d'avoir à tout prix, et le plus vite possible, la majorité dans la chambre. *Où en sommes nous ? où Allons-nous ?*

Le marquis D'HERBOUVILLE.

Voyez le *Conservateur*, tom. II., pag, 598.

Du 31 Août 1819.

Quel que soit le résultat des nouvelles élections, il y aura une influence marquée sur le sort de la France. Si par le plus grand des malheurs et la plus improbable fatalité, les élections étaient ministérielles, nous serions perdus. Le système qui nous ronge s'étendrait, notre décomposition s'opérerait plus lentement, mais plus sûrement : d'injustices en injustices, de fausses mesures en fausses mesures ; de mauvaises lois en mauvaises lois, de DESTITUTIONS EN DESTITUTIONS, nous arriverions *paisiblement* à une révolution inévitable.

Le vicomte de CHATEAUBRIAND.

Voyez le *Conservateur*, tom. IV, p. 492.

Du 31 Août 1819.

Que les.... sentent donc bien leur position ; qu'ils sachent que la France, que l'Europe est attentive. Rien ne peut les dispenser de se rendre à leur collèges électoraux. Les plus riches doivent secourir ceux qui le sont le moins. Il ne faut craindre ni quelques jours de dérangement, ni quelques instans de malaise et de fatigue. Il faut venir plutôt à pied, coucher dans la rue, que de manquer aux élections. Les intérêts particuliers sont chers et respectables sans doute ; mais pour qu'il y ait des intérêts particuliers, il faut qu'il y ait des intérêts généraux.

Le vicomte de CHATEAUBRIAND.

Voyez le *Conservateur*, tom. IV, p. 493.

Du 15 Juillet 1819.

Il se trouve dans la réunion des électeurs, plus encore que dans toutes les autres assemblées, deux classes d'individus sans nuances déterminées. Ce sont les indifférens et les ado-

(23)

rateurs du pouvoir. Les premiers veulent le bien ; mais trop faciles à tromper, ils arborent, souvent sans les examiner, des couleurs qu'ils réprouvent ; les seconds les portent toutes, prêts à se parer de celles que la faveur du moment met le plus à la mode. Ces deux classes influent particulièrement sur le résultat des élections.

Que dire à ceux dont le pouvoir est l'idole ? rien : on ne peut que les plaindre, on ne peut que gémir sur le sort de la patrie dont les intérêts sont sacrifiés à l'intérêt privé ; mais les remontrances sont à peu près inutiles.

Les indifférens peuvent cesser de l'être, s'ils parviennent à se persuader, que l'intérêt particulier, s'identifiant avec l'intérêt général, il ne leur est pas permis de rester neutres dans une cause d'où leur existence dépend. Comme ils sont de bonne foi, tout entreprendre pour les éclairer est un *devoir*.

Le marquis D'HERBOUVILLE.

Voyez le *Conservateur*, t. IV., p. 97 et 98.

Du 5 Octobre 1818.

Si l'on trouve quelque ouvrage qui prêche, sous un *gouvernement représentatif*, la nécessité de ne s'occuper de rien, de laisser faire, d'applaudir à tout, on sentira ce que cela veut dire. On ne se moquera pas de l'auteur ; s'il est homme d'esprit et de talent ; mais on rira du parti qui applaudit par de bonnes raisons.

On fera voir que l'homme sage qui ne se mêle pas des affaires d'État, qui trouve toujours la raison dans le succès, qui tient le ministre du jour pour Sully, et celui du lendemain pour Colbert; que le *modéré* dont la vie s'étend du bureau à l'antichambre, le matin à la police, et le soir à la sonnette, serait aussi un personnage assez plaisant sur la scène. *Encore un petit serment !* est un mot très-gai que l'on n'a pas oublié. Vivent les gens qui sont entêtés pour le gouvernement de fait, qui ne sortent jamais du palais, quoiqu'il arrive, qui n'y voient jamais rien de changé, excepté le maître; et c'est peu de chose quand il a cessé d'être heureux.

Le vicomte DE CHTEAUBRIAND.

Voyez le *Conservateur*, tom. I., pag. 41.

CONCLUSION.

Du 1ᵉʳ Octobre 1819.

Quoi ! mentir aux principes qu'on a soi-même avancés ! Violer la Charte, non pour l'améliorer, non pour introduire un changement salutaire, mais pour se perpétuer au pouvoir, précisément parce qu'on s'est montré incapable. Il me paraît impossible qu'un pareil projet trouvât une majorité dans les Chambres.

Signé LE CONSERVATEUR.

Voyez le *Conservateur*, tom. V, pag. 53.